Titel der Originalausgabe:
„Das Land der Bayern in Farbenphotographie“

Aufnahmen von Franz de Grousilliers, koloriert von
Kunstmaler I. Bahr u. a.

Das auf S. 4 abgebildete Porträt Ludwig Ganghofers stammt aus
Ganghofers Jagdbuch und wurde von Louis Braun gemalt.

Satz und Lithographie: Simon Print Medien Service GmbH, Rosenheim
Druck und Bindung: BAWA Print & Partner GmbH

ISBN 3-475-53135-6

Das Land der Bayern

in colorierten Fotografien

Nach der von Ludwig Ganghofer herausgegebenen
Original-Edition von 1918/19

rosenheimer

Vorwort

Von der Felszinne des Watzmann bis zum Bodensee, in dem jede Welle von deutschen Märchen und Sagen klingt, von den Allgäuer Alpen am südlichsten Zipfel von Bayern bis zum Spessart im Norden waren große Teile des Landes, das heute Bayern heißt, einmal bedeckt von jenem Gletschereis, das man das ewige nannte, ohne dass es ewig war. Klimatische Wandlungen und die wärmenden Strahlen der Sonne zerbrachen seine kalten Fesseln. Und auf einem Boden, der unter Eis versunken war und zu grünen begann, wuchs ein starker, zäher und verlässlicher Menschenschlag heran.

Aus fruchtbaren Flussufern steigt das bayerische Land den einsamen, steinigen Höhen zu, Raum genug für das rege Treiben der Städte wie für das ruhige Leben in den Dörfern, für die Weinreben im sonnigen Tal wie für die saftigen Wiesen am Alpenrand. Flüsse funkeln und Seen glitzern, über weitem Acker wogen die Ähren, Bodenschätze harren unter der bayerischen Erde, und grüne Wälder hüllen die Berge wie fürstliche Samtgewänder ein, deren Schleppen noch ausgebreitet sind über die Täler.

Ein Land, so reich, wie schön und blühend! Leben und Arbeit, geprägt von der Handwerkskunst, sind durchklungen von den fröhlichen Liedern eines heiteren Gemüts. Handel und Gewerbe blühen seit Jahrhunderten. Zu den Ersten, die Deutschland die Kaufmannswege in die Welt erschlossen, gehörten die bayerischen Fugger und Welser, gehörten Augsburger und Nürnberger Handwerksleute und Bürger. Mit der zähen Beharrlichkeit des Volkes, dem sie entstammten, überquerten sie Berge und Moorflächen und fanden das freie Meer, von dem ihre Heimat durch weite Länder getrennt war.

Von diesem Land der Bayern wollen wir in Bildern erzählen.

Ludwig Ganghofer

St. Bartholomä am Königssee

Der Königssee bei Berchtesgaden

Landschaft am Untersberg

Berchtesgaden mit dem Watzmann

Der Obersee

Am Hintersee

In der Ramsau

Altar der Wallfahrtskirche zu Ettenberg

Bad Reichenhall

Burghausen an der Salzach

Hohenaschau

Die Spiegelgalerie im Schloss Herrenchiemsee

Schloss Neuburg am Inn

Hals bei Passau

Passau

Die Burg Trausnitz in Landshut

Blick auf München von der Großhesseloher Brücke

Blick auf München

Das neue Rathaus in München

München. Feldherrnhalle und
Theatinerkirche

München. Das Maximilianeum

München. Das Künstlerhaus

München. Das Nationalmuseum

Schloss Nymphenburg

Schloss Schleißheim

Abendstimmung am Starnberger See

Tegernsee

Bad Tölz

Andechs am Ammersee

Schliersee

Alte Dachauerin im Sonntagsstaat

Mädchen aus Miesbach

Das Wendelsteinkirchlein

Auf dem Wege zum Tatzelwurm

Wendelsteinblick auf das Tal von Bayrischzell

Am Walchensee

Mittenwald

Abend am Wetterstein bei Garmisch-Partenkirchen

Blick auf Alpspitze und Zugspitze

Partnachklamm bei Partenkirchen

Eibsee mit Zugspitze

Der Freibergsee bei Oberstdorf

Hindelang im Allgäu

Einödsbach bei Oberstdorf im Allgäu

Schloss Hohenschwangau im Winter

Schloss Linderhof

Schloss Neuschwanstein

Der Diebsturm in Lindau

Lindau im Bodensee

Der Merkurbrunnen in Augsburg

Augsburg. St. Ulrichskirche

Donauwörth

Harburg an der Wörnitz

Aus Nördlingen

Dinkelsbühl

Die Willibaldsburg bei Eichstätt

Regensburg

Donaustauf

Schloss Prunn

Die Walhalla

Der Gipfel des Rachel

Urwaldpartie mit Rachelsee

Motiv aus Amberg in der Oberpfalz

Das Burgtor in Rothenburg ob der Tauber

An der Stadtmauer Nürnbergs

Der Neptunbrunnen in Nürnberg

Streitberg in der Fränkischen Schweiz

Alt-Bamberg

Bayreuth. Das Festspielhaus

Blick auf Bayreuth

Schloss Banz

Kulmbach mit der Plassenburg

Würzburg. Blick in den Garten des Königlichen Schlosses

Würzburg

In der Dominikanerkirche zu Würzburg

Aus Schloss Veitshöchheim

Bad Kissingen

Ochsenfurt am Main

Schloss Mespelbrunn im Spessart

Das Schloss in Aschaffenburg